ISBN 2-8006-5807-X (Hemma)
ISBN 970-22-0155-1 (E. L., S. A. de C. V.)

PRIMERA EDICIÓN — 4ª reimpresión — III / 03

Impreso en México — Printed in Mexico

El gran tesoro de las fábulas

Jean de La Fontaine

Ilustraciones de Gauthier Dosimont
Traducción: Ma. del Pilar Ortiz Lovillo
Adaptación: Remedios Martínez Galán

Hemma ediciones

“Me sirvo de los animales para instruir a los hombres”

(Jean de La Fontaine)

El León y el Mosquito

"¡Vete insecto ruin, inmundicia de la tierra!"
Así le habló un día el león al mosquito.
El mosquito, muy ofendido, pronto le declaró la guerra.

"¿Piensas acaso que me asusta
o intimida tu estirpe real?
Un buey es más fuerte que tú y lo manejo a mi antojo."
Cuando terminó de decir estas palabras
hizo sonar la señal de combate.

Fue trompetero y paladín.
Retrocedió, tomó impulso, pasó sobre el lomo del león
y se lanzó sobre su cuello. El león rugió enloquecido
y sus ojos relampaguearon de rabia. Todos los animales
que estaban cerca se escondieron aterrorizados.

¡Y este pánico general era obra de un mosquito
que hostigaba al león por todas partes!
Tan pronto le picaba el lomo como el húmedo hocico o la nariz.
El casi invisible insecto se burlaba de la furiosa bestia
al ver sus patas ensangrentadas, mientras
la desdichada fiera se revolvía contra
si misma, haciendo estallar la cola contra su lomo y
azotando el aire hasta que sus fuerzas le fallaron
y cayó extenuada.

El mosquito se retiró de la pelea, triunfante y con el mismo clarín con el que había anunciado el ataque declaró su victoria, que fue a anunciar por todas partes.

Por el camino cayó en la tela de una araña donde encontró su fin después de hacer tanto alarde de sus proezas.

¿Qué podemos aprender de esta historia? Dos cosas: La primera, que nuestros enemigos más temibles suelen ser los más pequeños.

La segunda nos muestra que después de vencer grandes peligros podemos perecer ante el percance más pequeño.

El Gato, la Comadreja y el Conejo

La astuta comadreja se apoderó una mañana de la fortaleza de un joven conejo.

Como el dueño estaba ausente, no tuvo ninguna dificultad.
Mientras el joven conejo hacía la corte a la aurora,
entre el rocío y las matas de tomillo, la comadreja
se instaló en la madriguera.

Cuando después de roer, brincar y dar mil vueltas, el conejo
regresó a su subterránea morada, se encontró
a la comadreja que asomaba el hocico por la ventana.
"¿Quién está en mi casa?, exclamó el animal despojado
de su hogar paterno.
Mire señora comadreja, váyase inmediatamente o llamaré
a todas las ratas de la comarca."
La dama del hocico puntiagudo respondió que la tierra
es de quien la ocupa.

"Y me gustaría saber, continuó diciendo,
en qué ley se ampara usted para reclamar ese derecho."

El conejo manifestó que son las leyes del uso y
la costumbre las que lo hicieron dueño y señor de su casa.
Derecho que se había transmitido de padres a hijos,
hasta llegar a él.
"Pues bien, no sigamos discutiendo,
respondió la comadreja. Sometamos este asunto
al sabio Raminagrobis."

Este era un viejo gato que vivía como un ermitaño,
tan gordo como hipócrita y árbitro experto
en toda clase de temas.
El conejo lo aceptó como juez y ambos
llegaron ante su presencia.

Raminagrobis habló así: "Acérquense hijos míos. Estoy
algo sordo a causa de mi avanzada edad."
Los dos rivales se acercaron sin temor alguno.

Cuando los tuvo cerca de él, el viejo gato extendió sus garras y puso a los quejumbrosos de acuerdo, devorándolos en un abrir y cerrar de ojos.

Esta historia se parece mucho a los debates que sostienen a veces los pequeños príncipes sometidos a monarcas poderosos.

El Cuervo que quiso imitar al Águila

Un águila volaba llevando a un cordero entre sus garras.

Un cuervo, menos fuerte pero tan glotón

como el águila, quiso imitarla.

Revoloteó sobre el rebaño, formado por más de cien ovejas, y

eligió a la más rolliza y saludable.

El cuervo pensó: "Es un ejemplar excelente; un digno manjar de los dioses. Será una comida muy apetitosa."
Después se abalanzó sobre el animal que, asustado, comenzó a balar.
El cordero pesaba mucho y su lana era tan tupida y gruesa que las patas del cuervo quedaron enredadas de tal modo que no podía soltarse.
Cuando llegó el pastor, alertado por los balidos, atrapó al cuervo, lo metió en una jaula, y se lo entregó a sus hijos para que jugaran con él.

La moraleja de esta historia es clara:
Hay que tener prudencia y no querer imitar a otros si no se tienen sus mismas cualidades.

La asamblea de los Ratones

Un gato famoso, llamado Micifuz, hacía tantos estragos entre los ratones que ya no se sabía a ciencia cierta, a cuántos se había llevado a la sepultura.

Los pocos que quedaban no se atrevían a salir de su agujero y, sin mucho qué comer, pasaban mil apuros. Para aquellos desvalidos, Micifuz había dejado de ser un gato para convertirse en el mismísimo diablo. Un día, cuando el gato se marchó a conquistar a una gata, con la que se entretuvo en un largo coloquio, los ratones se reunieron en un rincón para tratar de resolver su problema. El ratón más viejo y sensato opinó que lo mejor era poner un cascabel al cuello de Micifuz. Así, cuando fuera de cacería, oirían el sonido del cascabel y podrían escapar sin hacer ruido. No se les ocurría nada mejor. Todos estuvieron de acuerdo con la propuesta del anciano ratón. Sólo había un problema: quién le pondría el cascabel al gato.

Uno dijo: "Yo no voy, porque tan tonto no soy."
Otro dijo: "Yo no podría. Tal vez me comería."
Así se fueron disculpando y la reunión se terminó sin hacer nada.
Y, como siempre ocurre, no sólo en las asambleas de ratones, sino también de hombres sabios y famosos, se marcharon sin llegar a soluciones porque es muy fácil dar ideas pero es difícil encontrar a alguien que quiera arriesgarse a ponerlas en práctica.

UNION

La Garza Real

Un buen día, una garza de largas y finas patas,
esbelto cuello y largo pico,
vagaba cerca del río.
Era un hermoso día y, en las aguas transparentes,
paseaba su compadre el lucio.
La garza se acercó a la orilla
donde podía atraparlo fácilmente,
pero le pareció mejor esperar a tener más apetito.
Como era muy organizada, sólo comía a sus horas.
Un rato después se le abrió el apetito y, al
acercarse a la orilla,
vio varias tencas que
salían de sus escondrijos.

El platillo no le gustó y, desdeñándolo, decidió
esperar a obtener algo mejor. Despectiva pensó:
"¡Tencas a mí! Yo que soy una garza real.
¿Cómo voy a conformarme con un manjar tan pobre?
¿Por qué voy a molestarme en capturarlas?"
Despreciadas las tencas encontró a un mísero gobio.
"¡Un gobio! Tampoco es comida digna de una garza real.
¡Abrir yo el pico por tan poca cosa!
¡Que los dioses me protejan!"
Pronto se hizo de noche y ya no volvió a ver a ningún otro pez.
Cuando el hambre empezó a atormentar su estómago
se sintió muy feliz y satisfecha al poder comer un caracol.

No debemos ser tan delicados.
Los más inteligentes son aquéllos que se conforman
con lo que tienen y no se arriesgan a perderlo para
obtener algo mejor.
No hay que menospreciar nada.
Mucha gente ha caído en esa trampa;
y no es de las garzas de quien hablamos...

El Lobo y el Perro

Un pobre lobo se había quedado tan flaco
que tan sólo tenía piel y huesos.
Por esa razón los perros lo mantenían alejado.

Un día, el lobo se encontró con un gran dogo
fuerte y hermoso, gordo
y educado, que se había extraviado.
Le habría gustado atacarlo
pero le preocupó que, al librar batalla,
el perro se defendiera con coraje.
Por ello se acercó humildemente a él y le habló
elogiando su magnífico tamaño.
"En sus manos está, señor lobo, llegar a ser tan grande
como yo, respondió el perro.
Abandone este bosque y a sus miserables compañeros,
infelices y pobres diablos cuyo destino es morirse de hambre.
Aquí nada es seguro. No se puede conseguir comida
sin desavenencias y luchas.
Sígame y mejorará su suerte."
El lobo preguntó: "¿Qué debo hacer?"
"Casi nada, aseguró el perro. Ahuyentar a los mendigos,
complacer al amo y adular a los de su casa. Con esto
obtendrá sobras de comida, huesos de pollo y de pichón,
además de muchas caricias".

El lobo ya imaginaba una vida tan dichosa que casi lloró de la emoción. Pero mientras caminaban, advirtió que el perro tenía el cuello pelado, por ello le preguntó: "¿Qué es eso?" "Nada" "¿Nada?." "Seguramente es la marca del collar con que me atan." "¿Lo atan?, preguntó el lobo. ¿Entonces no puede correr adónde quiera?." "No siempre, pero eso ¿qué importa?." "Me importa tanto que no ambiciono ninguna de tus comidas y a ese precio no quiero ni un tesoro." Dicho esto, el lobo huyó y aún sigue corriendo.

La Rana que quiso ser tan grande como un Buey

Una rana, un poco más grande que un huevo,
se encontró un día con un buey.
Al ver su gran tamaño se llenó de envidia.
Entonces se infló más y más
queriendo parecer tan grande como él.
Después le dijo: "Mírame hermano.
¿Soy tan grande como tú?."
"No, no lo eres."
"¿Y ahora?."
"Tampoco."
"¿Ya estoy de tu tamaño?."
"No aún te falta mucho."
Y la infeliz ranita se infló tanto
que acabó por reventar.

El mundo esta lleno de gente que no es discreta y quiere comportarse como un gran señor poderoso.

El Cuervo y el Zorro

Maese Cuervo, posado sobre
la rama de un árbol,
sostenía un queso con su pico.

Atraído por su aroma, se le acercó
Maese Zorro y le habló adulador:
"¡Buenos días, señor Cuervo!
¡Qué hermoso es usted y qué elegante!
Si su canto iguala a su plumaje
es usted el rey del bosque."

Al escuchar tan halagadoras palabras,
el cuervo, para demostrar que tenía muy
buena voz, abrió su largo pico y dejó caer el queso.

El zorro lo recogió y le dijo:
"Mi buen señor, aprenda
que todo adulador vive a expensas
de la vanidad del adulado."

El cuervo, avergonzado y confuso
se juró a sí mismo,
aunque un poco tarde,
no volver a prestar atención a los halagos.

La Zorra y las Uvas

Cierta zorra gascona, otros dicen que era normanda,
desfallecida de hambre
vio en lo alto de una parra
unos racimos de uvas
de dorada piel, que ya
estaban maduras.
La noble zorra se las hubiera
comido de buena gana pero
como no las alcanzaba, pensó:
"Están muy verdes, sólo son buenas para los granujas."

Algunas personas, cuando no pueden lograr algo,
se engañan despreciándolo.

El Gato viejo y el Ratón joven

Un ratón joven y sin experiencia, fue cazado por un viejo gato. El ratón, creyendo que conseguiría enternecerlo implorando su clemencia, le suplicó:

"Déjame vivir. ¿Acaso un ratón de mi tamaño puede ser una carga para esta casa? ¿Crees que sus dueños van a pasar hambre por mi culpa? Un solo grano de trigo me alimenta; con una nuez me pongo redondito. Ahora estoy flaco, pero espere algún tiempo y resérveme para comida de sus gatitos."

Así hablaba al gato el ratón atrapado,
pero aquél le contestó:
"Estás equivocado. No me vengas con discursos,
ganarías lo mismo si hablaras con un sordo.
¿Cuándo has visto a un gato viejo perdonar a nadie?
De acuerdo con esta regla vas a morir enseguida.
Mis hijos ya tendrán otro banquete."
Y cumplió su palabra.

Esta es la moraleja de la fábula:

La juventud cree que lo puede conseguir todo; la vejez es implacable.

El Perro que soltó su presa por atrapar a su sombra

En este mundo hay tantos locos
tratando de alcanzar alguna sombra,
que es imposible su número contar.
Vamos a referirnos al perro del que habla Esopo.
Un perro, al ver a su presa reflejada en el agua,
la soltó para lanzarse sobre su imagen.
La corriente se agitó con el golpe.
El perro alcanzó la orilla después de un gran esfuerzo,
quedándose sin el reflejo y sin su comida.

El Pavo real se queja ante Juno

El pavo real elevó sus quejas a Juno:
"Diosa, decía, con sobrada razón me quejo y murmuro.
El canto, cuyo don me has dado, no complace a nadie.
Sin embargo, una criatura como el ruiseñor canta con una voz tan dulce y brillante que es gala y encanto de la primavera."
Juno le respondió encolerizada:
"Pájaro envidioso, deberías callarte. ¿Envidias la voz del ruiseñor, tú que llevas alrededor de tu cuello un arcoiris de mil sedas, que te pavoneas cuando despliegas tu cola magnífica que brilla como si estuviera adornada con piedras preciosas?

¿Hay otra ave más bella que tú surcando los cielos?
Ningún animal reúne todas las perfecciones. Cada uno ha
sido dotado de diferentes cualidades.
Unos tienen la grandeza y otros comparten la fuerza.
El halcón es ligero y el águila es valerosa.
El cuervo es hábil para los presagios y la corneja predice males por llegar.
Todos están satisfechos con su suerte.
Deja entonces de quejarte o, en castigo, te quedarás sin tu plumaje."

Los dos Conejos

Tomás de Iriarte

Por los matorrales, perseguido por perros,
corría asustado un conejo.
De su madriguera, salió un compañero que le dijo:

"Hey, amigo, detente, ¿qué es lo que pasa?"
"Estoy sin aliento. Por allá, dos galgos me vienen siguiendo."
"¡Ah, sí ya lo veo! Pero no son galgos, si no dos podencos."
"¿Qué? ¿Podencos dices? No son más podencos que tú y yo.
Son galgos, verdaderos galgos, bien que los veo."
"Te digo que son podencos, los conozco bien."
Mientras los conejos se enzarzaban en esta disputa llegaron los perros y atraparon descuidados a los dos conejos.

Que esta historia sirva de ejemplo para quienes discuten y pierden el tiempo en cuestiones intrascendentes y se olvidan de lo más importante.

El León y el Ratón

*Hay que tratar de hacer siempre el bien a todos
pues podemos necesitar a quienes parecen
más débiles que nosotros.
Esta fábula da fe de esta verdad porque de ella
hay muchas pruebas.
Al salir de su madriguera un ratón, asustado,
tropezó con las garras de un león.
El rey de los animales, para demostrar
lo importante que era, le perdonó la vida.
Esa buena acción recibió su recompensa.
¿Quién hubiera pensado que
un león llegara a depender de un ratón?
Pues bien, cuando caminaba por la selva,
el león cayó en una red,
de la cual ni su fuerza ni sus feroces rugidos
pudieron librarlo.*

Pronto acudió el ratón que comenzó a roer hasta deshacer un punto de la malla y así rompió toda la red, liberando de su trampa al león.

Puede más la paciencia y el tiempo
que la fuerza o la violencia.

La Rata de ciudad y la Rata de campo

Cierto día, una rata de ciudad, muy cortésmente, invitó a comer a una rata de campo. Robó todo lo que pudo de la cocina y, sobre una alfombra turca, sirvió un extraordinario banquete. La comida era excelente, nada faltaba en el festín. Pero algo estropeo la fiesta: mientras ellas la disfrutaban, escucharon un ruido en la puerta de la sala. La rata de ciudad huyó seguida por su camarada.

Cuando volvió la tranquilidad, la rata de campo quiso marcharse,
pero la de la ciudad le dijo:
"Terminemos nuestro asado."
"Ya es suficiente, respondió la rata campesina. Ven mañana
a almorzar a mi casa.
No es que subestime tu invitación pero en mi casa,
aunque la comida es modesta,
puedo comerla con tranquilidad.
¡Adiós entonces, que lo pases bien!
¡Nada puede disfrutarse si es robado!"

La Liebre y la Tortuga

De nada sirve correr;

es mejor llegar a tiempo.

Así nos lo demuestran la liebre y la tortuga.

"Apostemos, dijo la tortuga, a que no llegarás
a ese árbol antes que yo..."
"¿Qué no llegaré? ¿Estás loca?,
replicó la liebre burlona. Tendrás que purgarte
antes de empezar la carrera."
"Loca o no te sostengo la apuesta."
Así se hizo y las dos dejaron junto al árbol lo apostado.
(no importa saber lo que se jugaron ni tampoco
quién fue el Juez de la contienda).
Nuestra liebre no tenía que dar más que cuatro saltos,
digo cuatro porque yo he visto los saltos desesperados
que dan las liebres cuando son perseguidas por los perros
de los cazadores a quienes hacen atravesar montes y praderas,
hasta perderlos de vista .

Así que, como tenía tiempo de sobra para comer, descansar y dormir, dejó que la tortuga se adelantara con su paso lento.

La tortuga avanzó esforzándose lo más que pudo en su torpe andar.

La liebre, sin embargo, desdeñosa despreció una fácil victoria, dándole la ventaja a su competidora, así que demoró la salida. Comió hierba fresca, descansó y se entretuvo en cualquier cosa olvidándose de su compañera.

De pronto advirtió que la tortuga ya casi llegaba a la meta.

Corrió como una flecha, pero sus esfuerzos fueron vanos: la tortuga llegó primero.

"Pues bien, le dijo ella:
¿Tenía o no tenía razón?
¿De qué te sirve tu agilidad? ¡Vencida por mí!
¿Qué sería de ti si llevaras, como yo, la casa a cuestas?"

El Ciervo que se miró en el agua

Un ciervo contemplaba su imagen cierto día
en el agua de una fuente admirando
la belleza de su cornamenta pero sufriendo al ver sus delgadas
patas cuyo reflejo se perdía en las cristalinas aguas.
"Qué desproporción más grande hay entre mis patas y mi cabeza,
pensaba amargamente al contemplar su figura. Mi frente llega a
los arbustos más grandes, pero mis patas son una deshonra."
Mientras esto pensaba apareció un perro de caza
y tuvo que salir huyendo.

Intentó refugiarse en el bosque pero sus cuernos se enredaban entre las ramas, deteniendo los buenos servicios de sus ágiles patas de las que dependía su salvación. Entonces maldijo el hermoso regalo que el cielo le hacía cada año.

Apreciamos lo bello y despreciamos lo útil, pero la belleza con frecuencia es destructiva así, el ciervo se quejaba de sus patas que le permitían correr velozmente y se enorgullecía de su cornamenta que al fin era un estorbo.

La Lechera

Félix María Samaniego

Una lechera llevaba un día un cántaro de leche
sobre su cabeza, sujetándolo muy bien
para llegar sin contratiempos a la ciudad.
Para andar con comodidad se había puesto
un vestido corto y ligero,
un delantal y unos zapatos suaves.
Mientras caminaba, a buen paso,
pensaba cuánto ganaría
con la venta de la leche
y cómo emplearía su dinero.

Compraría cien huevos, los pondría a incubar
y con su diligente cuidado, todo iría bien.
"Me será fácil, pensaba, cuidar a los polluelos alrededor de la casa.
Aunque el zorro me robe algunos, todavía me quedarán bastantes
para cambiarlos después por un cerdo joven.
Para engordarlo bastará un poco de salvado; cuando se ponga
bien grande lo venderé por una buena cantidad de dinero.
Así podré comprar una vaca con un ternero
que correteará entre los corderitos."
Ensimismada con tan gozosos pensamientos, saltó de alegría y
el cántaro cayó de su cabeza. ¡Adiós leche, vaca, ternero, cerdo y pollitos!
La joven, afligida al ver perdida su fortuna, fue a contárselo a su marido,
temerosa de recibir un buen regaño.

¿Quién no se hace ilusiones?
¿Quién no construye castillos en el aire?
Todos, desde el hombre más soberbio
hasta la lechera.
Todos lo mismo, los sabios y los locos.
Soñamos despiertos y no hay nada más dulce
que creer que todos los bienes, honores y riquezas, son nuestros.
Cuando estamos solos somos tan valientes
que desafiamos al más bravo.
Pero cualquier accidente nos vuelve a la realidad
y volvemos a ser los mismos de antes.

La Gallina de los huevos de oro

La avaricia rompe el saco.

Para probarlo
tenemos la fábula de la gallina
que ponía todos los días un huevo de oro.
Su dueño creyó que en su cuerpo
tenía un tesoro. La mató, la descuartizó
y encontró que era igual que aquellas
que ponían huevos comunes y
corrientes. Así perdió su mejor bien.
¡Hermosa lección para los avaros!

¡Cuántos se arruinan de la noche a la mañana
por quererse enriquecer demasiado deprisa!

La Cigarra y la Hormiga

La cigarra se había pasado todo el verano cantando
y se quedó sin provisiones.
Cuando llegó el crudo invierno
ni siquiera le quedaba un trocito de mosca o de gusano.
Obligada por el hambre fue a casa de su vecina la hormiga y le pidió que le prestara algunos granos de trigo para subsistir hasta la primavera.

"Te pagaré mi deuda antes de agosto,
con intereses y capital, le aseguró.
Palabra de animal."
Entre los defectos de la hormiga está el de
ser desconfiada, por lo que le preguntó:
"¿Qué hiciste durante el verano,
mientras yo trabajaba?"
"No te ofendas, cantar de día y de noche."
"¿Cantabas? Me parece muy bien.
Ahora ponte a bailar."

El Asno y el Perro

Si forzamos nuestro talento nada haremos con gracia.

Jamás un patán, haga lo que haga, podrá pasar por un caballero.

Pocas personas tienen el don de ser amables y simpáticas.
Por ello hay que tener cuidado de no rebasar ciertos límites
para no parecerse al borrico de esta fábula que,
para conquistar a su amo, quiso acariciarlo.
El asno envidiaba al perro, que era muy apreciado por sus amos,
mientras que a él lo trataban a palos.

"¿Y qué es lo que hace?, pensaba,
sólo da la pata y lo cubren de mimos.
No parece ser muy complicado y con tal de que me
alaben yo puedo hacerlo también."
Con esta admirable idea se acercó pesadamente a su amo,
levantó su pata y le pasó cariñosamente su desgastada
pezuña por la barbilla, adornando su amoroso gesto con
alegres relinchos.
"¡Oh, qué dulce caricia! ¡Qué bella melodía!, exclamó el amo.
¡Traigan pronto un garrote!"
Le trajeron el palo y pronto hizo cantar al asno de un modo
bien distinto.
Y así terminó esta historia.

El Lobo y la Cigüeña

Todos sabemos que los lobos son muy glotones.
Pues bien, durante un banquete,
un lobo comió tanto y tan deprisa
que estuvo a punto de perder la vida
porque un hueso se le atravesó en la garganta.
Ni siquiera podía gritar para pedir auxilio.
Por suerte para él, pasó por allí una cigüeña.
El lobo le hizo señas; ella se acercó y empezó
a hacer rápidamente su trabajo.

Lo hizo tan bien que pronto sacó el hueso del gaznate del lobo, reclamando el pago de tan buena hazaña.
"¿Tu paga?, respondió el lobo, ¡estás burlándote de mi! ¿No te basta con haber sacado tu cuello de mi garganta? ¡Márchate ingrata y cuídate para no caer en mis garras!"

El Lobo y el Cordero

Es mejor no discutir con quien siempre cree tener razón.

Vamos a demostrar por qué:

Un cordero calmaba su sed en un arroyo cuando llegó
un lobo en ayunas buscando comida.
"¿Cómo te atreves a enturbiar el agua?,
le dijo el animal malhumorado.
Tu temeridad será castigada."
"Señor, respondió el cordero,
no se enoje su majestad,
considere que estoy bebiendo veinte pasos más abajo
y en consecuencia no puedo enturbiar el agua."

"La enturbias, respondió la cruel bestia, Y además me consta que el año pasado hablaste mal de mí."

"¿Cómo iba a hablar mal de ti si no había nacido? Aún tomo leche materna."

"Si no eras tú, sería tu hermano."

"No tengo hermanos, señor lobo."

"Pues sería alguno de los tuyos, porque me tienen mala voluntad todos ustedes, sus pastores y sus perros. Lo sé de muy buena fuente, por ello debo vengarme."

Diciendo esto, el lobo llevó al cordero hasta el fondo del bosque y se lo comió sin tener en cuenta más razones.

¿Quién no ha leído u oído
alguna vez fábulas como
"La Lechera",
"La zorra y las uvas" o "Los dos conejos?"
Porque las fábulas, desde que Esopo,
fabulista griego del siglo VII a. de C. y Fedro,
fabulista latino del I a.
de C. crearon este género,
han sido narraciones extraordinariamente
bien acogidas por todas
las generaciones, tanto por su belleza literaria
como por su enseñanza moral.
Además de Esopo y Fedro,
son también muy conocidos
otros fabulistas como La Fontaine,
nacido en Francia en el siglo XVII,
que se inspiró en narraciones orientales clásicas
para escribir sus "Fábulas",
siendo éstas, más tarde, inspiración
para otros fabulistas.
En el siglo XVIII destacaron dos españoles:
Iriarte, con sus "Fábulas literarias"
y Samaniego, autor de una colección de 137 "Fábulas
morales."

Jean de La Fontaine
(Biografía)

Jean de La Fontaine nació en 1621, en Château-Thierry, pequeña ciudad de Champagne, Francia.
Fue hijo de un guardabosques, por lo que pasó una gran parte de su juventud en el campo, lo que lo despertó su interés por la naturaleza y los animales.
Después de haber realizado estudios de derecho, La Fontaine se instaló en París en 1658. Frecuentó a los más célebres escritores de la época como Molière, Racine, Boileau, Corneille y Perrault.
A los cuarenta y siete años publicó su primera colección de fábulas.
Admitido en la Academia Francesa en 1684, Jean de La Fontaine se retiró posteriormente a casa de unos amigos en el castillo de Bois-le-Vicomte. Murió en París el 13 de abril de 1695.

Las Fábulas de Jean de La Fontaine son pequeños relatos, escritos originalmente en verso, que con frecuencia ponen en escena a los animales a quienes el autor presta los sentimientos y expresiones de los hombres.

Cada fábula saca de su historia una lección moral que nos invita a reflexionar sobre nuestros defectos.
Se trata en realidad de una enseñanza porque
Jean de La Fontaine decía:
"Me sirvo de los animales para instruir a los hombres."

Su obra literaria es el reflejo de lo que fue en su vida: un hombre soñador, a veces distraído, que apreciaba el buen humor y el placer. Adoraba la naturaleza y a los animales, pero sobre todo, fue un poeta genial.

ÍNDICE